ASSURANCE

ET

LOTERIE

PAR

ALFRED DE COURCY

ADMINISTRATEUR DE LA COMPAGNIE D'ASSURANCES GÉNÉRALES.

PARIS

ARMAND ANGER, LIBRAIRE-ÉDITEUR

48, RUE LAFFITTE, 48

1874

ASSURANCE

ET

LOTERIE

PAR

ALFRED DE COURCY

ADMINISTRATEUR DE LA COMPAGNIE D'ASSURANCES GÉNÉRALES

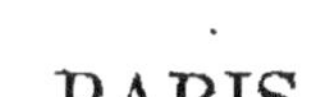

PARIS

ARMAND ANGER, LIBRAIRE-ÉDITEUR

48, RUE LAFFITTE, 48

1874

COMITÉ DES DIRECTEURS

DES COMPAGNIES D'ASSURANCES SUR LA VIE

Extrait du procès-verbal de la séance du
1ᵉʳ septembre 1874.

Une conversation s'engage sur les combinaisons avec tirages au sort de la Caisse générale
des Familles, à l'occasion de l'intention qu'aurait une autre Compagnie d'adopter des combinaisons analogues. Plusieurs membres expri-
ment le sentiment de profond regret avec lequel
ils verraient les tirages de loterie envahir l'institution des assurances sur la vie, la question
leur paraît mériter d'être très-sérieusement
approfondie, et un membre émet la proposition
que M. Alfred de Courcy, dont le dévouement
persévérant à l'institution et la compétence se

sont manifestés par des écrits qui font autorité en la matière, soit prié au nom du Comité de se livrer à l'étude des combinaisons avec tirages au sort de la Caisse générale des Familles, et de consigner dans une consultation le résultat de son examen.

Cette proposition est appuyée, mise aux voix et adoptée à l'unanimité.

Le Comité des Directeurs des Compagnies d'assurances sur la vie me fait l'honneur de me demander l'avis de ma longue expérience sur des combinaisons offertes au public par la Caisse générale des Familles, et dont le trait distinctif est de substituer à la participation des assurés aux bénéfices les chances d'un tirage au sort.

Je défère avec empressement à cette invitation. Il y a là l'objet d'une étude qui s'impose manifestement à l'attention de toutes les Compagnies d'assurances, et non pas seulement de celles qui souscrivent des assurances sur la vie, mais de toutes les autres. Je ne dis pas encore assez. Cette étude intéresse toutes les industries quelconques. Si les combinaisons que je vais examiner étaient licites, et si elles étaient bonnes en elles-mêmes, il n'y aurait aucune raison pour qu'elles demeurassent le monopole d'une Compagnie particulière, ni celui d'une industrie spéciale.

La question s'agrandit singulièrement. A mes yeux, c'est la question même de la loterie, menaçant de faire irruption dans l'industrie, au mépris de la loi du 21 mai 1836.

Avant d'examiner en elles-mêmes les combinaisons de la Caisse générale des Familles, je me trouve donc amené à rechercher si elles sont licites, et à traiter la question de légalité.

ASSURANCE

ET

LOTERIE

I

La loi du 24 juillet 1867, en affranchissant de la tutelle administrative les Sociétés anonymes, a maintenu, exceptionnellement, l'obligation de recourir à l'approbation du gouvernement pour la formation des Sociétés d'*assurances sur la vie* et pour la rédaction de leurs statuts. Le 22 juillet 1871, la Caisse générale des Familles obtenait un décret portant approbation d'une demande de modification à ses statuts dans les termes suivants :

Art. 9. — La compagnie pourra recevoir des contrats d'assurances avec la condition que le montant d'une partie de ces assurances sera payé chaque année, par anticipation, *au moyen d'un tirage au sort.*

A cet effet, les assurances réalisées dans ces conditions formeront dans chaque catégorie une série spéciale pour laquelle la Compagnie délivrera aux souscripteurs des titres d'une importance uniforme, mais qui ne pourront, dans aucun cas, être inférieurs à cinq cents francs ; chacun des souscripteurs concourra au tirage proportionnellement au nombre des titres dont il sera possesseur.

La somme affectée à ces paiements anticipés sera formée au moyen d'un prélèvement annuel de un pour cent sur les primes uniques, et de cinq pour cent sur les primes annuelles de chacun des contrats en cours à l'époque de la clôture de l'exercice.

Le prélèvement fixé ci-dessus pourra être

porté à deux pour cent des primes uniques, *et dix pour cent sur les primes annuelles pour les catégories dans lesquelles les contractants renonceraient à la participation* dont il est parlé ci-après.

Qu'on veuille bien remarquer la date du 22 juillet 1871, si voisine de nos désastres. A cette époque encore bien troublée, on n'avait pas rétabli le Conseil d'État. Une Commission provisoire, peu nombreuse et accablée de travaux, en remplissait hâtivement les fonctions. Le temps n'était guère propice à la discussion approfondie des statuts modifiés d'une Compagnie d'assurances. Je ne puis m'expliquer que par cette absence d'une discussion approfondie et par l'interruption des traditions du Conseil d'État une approbation que j'estime contraire à la loi.

En effet, l'article 2 de la loi du 21 mai 1836 porte ce qui suit :

« Sont réputées loteries et interdites
» comme telles..... toutes opérations of-
» fertes au public *pour faire naître l'espé-*
» *rance d'un gain qui serait acquis par la*
» *voie du sort.* »

La loi n'admet d'exception que pour
les loteries de bienfaisance, lesquelles ont
besoin elles-mêmes d'une autorisation administrative.

Il n'y a plus qu'à vérifier si les combinaisons de la Caisse générale des Familles sont offertes au public *pour faire
naître l'espérance d'un gain qui serait acquis
par la voie du sort.* Or, il est certain
qu'elles n'ont pas d'autre séduction ni
d'autre but. Toutes les annonces, tous
les prospectus de la Compagnie ont soin
de présenter *les chances du tirage au sort*
comme l'appât propre de la combinaison
dont elles sont bien l'appât *unique.*

Je vais m'occuper d'abord de l'assurance pour la vie entière, à primes annuelles. Dans les assurances sur la vie, c'est l'opération la plus usitée et la plus recommandée, c'est en quelque sorte l'institution elle-même. Je prends pour exemple le père de famille de trente-sept ans qui fait assurer 100,000 francs au profit de ses enfants. Toutes les Compagnies du Comité lui demandent, au taux de 3 0/0, une prime annuelle de 3,000 francs. La Caisse générale des Familles lui demande exactement cette même prime de 3,000 francs. Où est la différence ? La voici : les Compagnies du Comité réservent à l'assuré une participation à leurs bénéfices. Elles lui offrent, s'il veut renoncer à cet avantage, et pour prix à forfait de sa renonciation, une réduction de 10 0/0 sur sa prime ou de 300 francs, sa prime, désormais invariable, étant réduite à 2,700 francs.

D'ordinaire on n'accepte pas ce marché à forfait, et, dans mes divers écrits sur la matière, j'ai constamment conseillé de ne pas l'accepter. Je n'en ai pas voulu pour moi-même. Les motifs qui guident les assurés dans leurs préférences ne sont pas tous pareillement judicieux, et ne sont pas toujours ceux qui me dirigent. Trop souvent, entraînés par le zèle intempérant des intermédiaires, ils s'exagèrent les résultats de la participation et se préparent des déceptions. Trop souvent ils s'imaginent qu'ils vont faire à la fois une assurance et un placement lucratif, comme si les Compagnies pouvaient fabriquer de la fausse monnaie pour servir un intérêt élevé des primes des assurés survivants, après avoir payé des capitaux aux familles des assurés morts. Les motifs de mon conseil sont plus solides. Je fais ressortir la convenance de trouver dans

la participation, soit une ressource oppor-
tune, soit une augmentation progressive
de la somme assurée, soit enfin une réduction graduelle de la prime, qui tombera en quelques années bien au-dessous
de 2,700 fr., et continuera de décroître.
J'établis qu'il est sage d'acheter ces perspec-
tives moyennant un supplément actuel de
prime de 300 fr. Quoi qu'il en soit, l'assuré est libre de préférer la prime nette
de 2,700 fr., et il est clair que la prime
forte de 3,000 fr. se décompose en deux
éléments, qui sont :

2.700 fr., prix net de l'assurance;

300 fr., évaluation de la participation;

____

3.000 fr.

Voici maintenant qu'une Compagnie
offre à ce père de famille exactement la
même opération, à la même prime de
3,000 fr. décomposée en les deux mêmes

éléments. Seulement, au lieu de lui donner, en échange des 300 fr., une participation à ses bénéfices, elle lui promet de
déposer les 300 fr. dans une tirelire, avec
les 300 fr. des autres assurés. Tous les ans
on brisera la tirelire, et l'on en remettra
le contenu...... aux privilégiés du sort.

J'affirme, et je défie de contester cette
affirmation, que les 300 fr. sont purement
et simplement un billet de loterie. Il est
impossible de leur découvrir une autre
signification. Ils ne produiront rien, absolument rien, ils seront perdus pour tous les
assurés que le sort n'aura pas favorisés.

Je ne saurais prendre au sérieux l'al-
légation que le tirage remplaçant la
participation, laquelle est incertaine et
aléatoire, ce n'est qu'une chance substi-
tuée à une autre. La participation est
sans doute incertaine, comme sont incertains les bénéfices eux-mêmes. Les béné-

fices, de toutes les opérations commerciales ou industrielles sont incertains. Mais dès que des bénéfices sont constatés, ils profitent à tous les assurés participants, par des règles proportionnelles, non à quelques-uns par la voie du sort, et il n'y a aucune comparaison à établir entre des chances aussi différentes. Autant vaudrait prétendre qu'on met à la loterie chaque fois qu'on s'intéresse dans une industrie quelconque.

Que demain il vienne à l'idée d'un carrossier d'annoncer qu'il livre des voitures, ou au prix net de 2,700 fr., ou au prix fort de 3,000 fr. Les clients qui choisiront le prix fort recevront, avec le carrosse, un billet de loterie de 300 fr., et le tirage se fera chaque année, entre tous les clients de l'année. Les acheteurs du mois de décembre n'attendront pas longtemps le résultat. Ils sauront bien vite s'ils ont gagné le montant de la tirelire ou perdu leurs 300 fr. — J'affirme que ce sera exactement la même combinaison qu'on propose de joindre à l'assurance. Je n'aperçois aucune différence. Le client qui se laissera séduire aura pareillement, pour 2,700 fr. une voiture, qu'il est libre d'acheter à ce prix sans débourser un centime de plus; pour 300 fr. payés en sus, un billet de loterie.

L'industriel, qui croira qu'il a eu là une idée ingénieuse et inventé quelque chose, dira de son côté qu'il s'agit de donner une impulsion nouvelle à l'industrie de la carrosserie, laquelle fait vivre tant d'ouvriers et de cochers, favorise le développement de l'espèce chevaline, en rapportant de plus des impôts à l'État, et mérite conséquemment, autant que les assurances, les encouragements du Gouvernement.

En réalité, l'industriel n'aura rien inventé; à son commerce de carrosserie il aura cousu un second commerce, celui d'entrepreneur de loterie. Ce n'est pas autre chose. Aussi, tout homme de bon sens qui lira l'annonce et qui saura faire la très-simple décomposition du chiffre de 3,000 fr. en ses deux éléments dira : Quel rapport naturel quelconque y a-t-il entre la carrosserie et une loterie? S'il me plaît de mettre 300 fr. à la loterie, de grâce, trouvez-moi une raison pour que je n'y sois autorisé qu'à la condition d'acheter une voiture, et de l'acheter à tel carrossier, pour ce appointé? Je n'ai pas besoin de voiture, ou j'ai mon fabricant préféré, et je prétendrais, d'ailleurs, ne la payer que ce qu'elle vaut, 2,700 fr. Mais si je désire prendre un billet de loterie de 300 fr., je demande à être libre de le prendre où je voudrai.

Qu'on ne se hâte pas de se récrier contre

l'hypothèse du carrossier : je la reconnais peu vraisemblable, à cause de la nature particulière de la clientèle de cette industrie, dont le champ d'opérations n'est pas assez vaste. Mais, certes, il y a d'autres industries pour lesquelles l'hypothèse pourrait n'être pas chimérique. On sait, par exemple, quelle est l'émulation de charlatanisme de certains magasins de nouveautés. Je ne serais pas étonné de lire un matin sur les murs et à la quatrième page des journaux qu'à telle enseigne on délivre, avec chaque pièce d'étoffe, un billet de loterie montant au dixième de la facture, et la foule accourrait ! Eh bien, encore une fois, qu'il s'agisse d'une assurance, d'un carrosse ou d'une pièce d'étoffe, c'est exactement la même combinaison. On offre au client, pour les neuf dixièmes du prix, la marchandise ; pour l'autre dixième, un billet de loterie.

On peut soutenir qu'il convient de rendre toutes les loteries licites, et de rapporter la loi du 21 mai 1836, qui les interdit. C'est une thèse ; et il se trouve des publicistes pour soutenir aussi, par des arguments en bonne forme, la convenance du rétablissement des jeux de hasard. Qu'on ose donc poser la thèse, je la combattrai avec une conviction ardente ; je demanderai de maintenir l'œuvre sage du législateur de 1836, je montrerai le péril, l'immoralité, l'indécence de cette irruption de la loterie dans tous les commerces, jusque dans celui de la boulangerie. Oui, l'on verrait des boulangers — et pourquoi pas, si c'était rendu licite pour tous ? — annoncer deux séries de tarifs, le prix net, en échange duquel ils ne livreraient que du pain, et le prix fort, qui donnerait aux consommateurs, pour chaque note de 10 francs de pain, un billet de loterie de 1 franc. Peut-être, hélas ! serait-ce là que la combinaison aurait le plus de succès. On verrait, chez les marchands de vin, les buveurs ajouter aux autres enivrements celui de la loterie, et le tirage public des billets de la semaine se faire le samedi soir, devant le comptoir.

Encore une fois, qu'on ose poser cette thèse à outrance de liberté commerciale. Mais tant que la loi de 1836 existe et n'est pas rapportée, elle s'applique au commerce des assurances comme à tous les autres, et il est pareillement interdit d'annexer à un contrat d'assurance un billet de loterie.

Je sais bien qu'on a imaginé une distinction, celle du principal et de l'accessoire. Ce qu'a prohibé la loi de 1836, a-t-on dit, c'est l'opération dont l'objet *principal* est de procurer un gain acquis par la voie du sort. Tel n'est pas le cas de l'assurance sur la vie, dont l'objet *principal* demeure une opération d'épargne et de sage prévoyance. S'il convient à une Compagnie de prendre à sa charge, sur ses bénéfices, une somme qu'elle répartit entre ses clients par la voie du sort, au lieu de la répartir, comme d'autres Compagnies, par des calculs proportionnels, ce n'est là qu'une forme différente de répartition et de réglementation intérieure; c'est un simple accessoire à l'opération, ce n'est pas l'opération même qu'a prohibée le législateur de 1836.

Je fais remarquer d'abord que cette distinction sera pareillement à l'usage du carrossier, du marchand d'étoffes et du boulanger. Eux aussi soutiendront avec raison que l'objet *principal* de leurs opérations est un commerce honnête et licite, et que le tirage dont ils offrent l'appât, par surcroît, n'est qu'un accessoire. Mais je dis plus, la distinction elle-même est sophistique et n'a pu naître que d'une illusion. On n'a pas décomposé l'opération en ses deux éléments, comme je l'ai montré tout à l'heure. On n'a pas su voir qu'elle se divise en deux opérations, l'une licite, morale, digne de tous les encouragements : l'assurance, représentée par la prime de 2,700 francs ; l'autre illicite : la loterie, représentée par le billet de 300 francs, se proposant pour objet *principal*, pour objet unique, suivant les expressions de la loi de 1836, *l'espérance d'un gain acquis par la voie du sort*. Voilà, dans la vérité des choses, quelle était la distinction à faire, au lieu d'une subtilité complaisante d'interprétation, contraire au principe qu'on ne distingue pas, là où la loi n'a pas distingué.

Si je rencontre des contradicteurs, ils ne manqueront pas de citer les obligations, avec tirages, de la Ville de Paris, du Crédit Foncier et des Compagnies de chemins de fer. Je suis bien aise d'en dire quelques mots.

D'abord, pour faire autoriser ces tirages, il a fallu s'adresser au législateur lui-même, et non à l'Administration. On a respecté la loi de 1836, qui manifestement les prohibait, à moins d'une loi nouvelle et spéciale. Le législateur peut seul déroger à ce qu'a ordonné le législateur précédent. L'argument est donc péremptoire contre l'autorisation administrative obtenue par la Caisse générale des Familles.

Le législateur a-t-il eu raison d'autoriser ces dérogations spéciales? C'est une autre question que je traiterai librement, et qui me paraît exiger une distinction.

Quant aux obligations de la Ville de

Paris et du Crédit Foncier, je n'hésite pas à blâmer la combinaison des gros lots : c'est, en morale, un appât malsain ; c'est aussi une altération préconçue de la valeur intrinsèque des titres que l'on émet, et par la suite une altération constante de la valeur des titres qui se négocient. Quand le crédit propre du débiteur a besoin d'être soutenu par la séduction des loteries, quand le cours du titre, influencé par cette séduction malsaine, s'élève la veille du tirage pour s'abaisser le lendemain, je dis que la valeur est frelatée.

Certes, lorsqu'après nos récents désastres, notre pays s'est vu dans la nécessité de faire appel au crédit pour un effort gigantesque, la tentation pouvait être forte de recourir à la séduction des loteries, et les conseils n'ont pas manqué dans ce sens. Quel prestige n'aurait pas eu un lot d'un million ! Je rends hommage aux hommes d'Etat qui présidaient à nos finances; ils ont dédaigné ce moyen, ils ont refusé de frelater le crédit de la France.

Quant aux obligations de chemins de fer, le cas est bien différent, et l'opération me paraît irréprochable. Ici point de gros lots, point d'émotions de jeu, point d'altération de la valeur, ou du moins d'altération sensible. La Compagnie contracte un emprunt amortissable par annuités; elle émet et les porteurs négocient des titres de 15 fr. de rente, remboursables à 500 fr.; le cours s'en établit en raison de l'état général du crédit.

L'opération est dans les convenances des deux parties. Il est clair que la Compagnie ayant une durée limitée doit nécessairement amortir ses emprunts; elle ne le peut que sur ses produits annuels, et le sort peut seul désigner les numéros, de

2

la même manière que certaines sociétés industrielles amortissent leurs actions par un tirage. D'un autre côté, les porteurs, à raison de la loi économique de l'affaiblissement graduel du signe monétaire, ont besoin de la perspective du remboursement d'une somme supérieure à la valeur actuelle.

La combinaison est donc très-judicieusement conçue, et cela est si vrai que les obligations de chemins de fer sont considérées comme un des meilleurs placements de pères de famille. Les tuteurs, les conseils de famille, les administrateurs des deniers d'autrui ne redouteront jamais d'employer des fonds en obligations de chemins de fer. Quel est le tuteur qui oserait prendre pour ses pupilles des billets de loterie?

A la vérité, les tirages *prochains* procureront un avantage aux porteurs des titres sortants. Il y a donc *un gain acquis par la voie du sort*, et sous ce rapport l'opération serait comprise dans l'interdiction générale de la loi de 1836. Aussi a-t-il fallu des lois spéciales pour autoriser l'exception; mais en présence des immenses intérêts publics engagés dans la question et du défaut de portée des objections possibles, le législateur a été aussi sage, en l'autorisant, qu'il le serait peu en étendant l'exception aux assurances. Si l'on en doute, encore une fois, qu'on s'adresse au Législateur et non à l'Administration : elle n'a pas le droit de violer la loi.

Sur la question de légalité, je crois donc pouvoir conclure dans les termes suivants:

1° Les opérations de la Caisse générale des Familles avec tirage au sort sont illicites, comme interdites par la loi du 21 mai 1836;

2° Ce vice d'illégalité n'a pas pu être couvert par le décret administratif du 22 juillet 1871, lequel n'a d'ailleurs été obtenu qu'avant la reconstitution du Conseil d'État;

3° Ledit décret établissant une présomption de bonne foi, mettrait, dans ma pensée, la Caisse générale des Familles et ses clients à l'abri des pénalités édictées par la loi du 21 mai 1836, mais il ne ferait aucun obstacle à ce que la nullité des contrats fût prononcée par les tribunaux civils;

4° Tout titulaire d'un contrat de la Caisse générale des Familles, avec tirage au sort, peut en conséquence se pourvoir devant les tribunaux pour faire prononcer la nullité du contrat et ordonner la restitution de la prime. Je suis convaincu que les tribunaux n'hésiteraient pas à prononcer cette nullité;

5° Si l'on en doute, il est très-facile de faire l'expérience, en déférant aux tribunaux un des contrats. Je ne saurais voir là un piége ni un mauvais procédé de concurrence. Il est clair que toutes les industries ont un intérêt légitime à savoir si elles peuvent ajouter comme accessoire à leur opérations les séductions d'un gain acquis par la voie du sort. La Caisse générale des Familles, qui la première a inauguré cette combinaison, a dû la croire licite, et dès l'instant que c'est contesté, elle a un immense intérêt elle-même à faire juger la question, pour la sécurité de ses opérations futures. Si la combinaison est licite, la Caisse générale des Familles ne peut pas avoir la prétention d'en garder le privilége.

Il ne me semble pas inutile de rappeler qu'un décret d'approbation ne lui a été nécessaire que parce qu'elle est Compagnie d'assurances *sur la vie*. Toutes les autres sociétés d'assurances, placées sous le régime de la loi 1867, ou en s'y plaçant, sont libres de modifier leurs statuts comme elles le trouvent bon, à la seule condition de ne pas violer la loi. On peut donc entendre demain une Compagnie d'assurances maritimes, ou une Compagnie d'assurances contre l'incendie, annoncer qu'elle consacre une partie de ses bénéfices à tirer des lots de loterie au profit de ceux de ses assurés que favorisera le sort. Elle n'aura, pour cela, si l'opération est licite, aucune autorisation à demander au gouvernement. Le carrossier, le boulanger, le marchand de nouveautés et le marchand de vin n'auront non plus besoin d'aucune autorisation pour joindre à leur commerce des tirages de lots. On voit combien il importe d'être fixé sur la légalité de la combinaison.

Ma conviction profonde est qu'elle est illicite pour toutes les industries, comme elle l'est, nonobstant le décret de 1871, pour la Caisse générale des Familles.

II

'Si je me trompais, si la combinaison était jugée licite, si la loterie, sous forme d'accessoire, pouvait faire librement irruption dans toutes les industries, les Compagnies d'assurances *sur la vie* demeureraient *seules* soumises à l'obligation de recourir à une autorisation préalable du gouvernement, ainsi que l'a fait la Caisse générale des Familles. Comme il y a là une séduction à laquelle une partie du public est très-sensible, il est à croire que d'autres Compagnies seraient tentées de suivre cet exemple. Le décret du 22 juillet 1871 serait invoqué comme précédent, et rendrait difficile à l'Administration de refuser à une Compagnie ce qu'elle a concédé à une autre. Peut-être verrait-on se généraliser les combinaisons de la Caisse des Familles.

Il est donc très à propos d'examiner ces combinaisons en elles-mêmes, en les supposant licites.

Je prétends établir qu'elles sont profondément iniques, mathématiquement incorrectes, et qu'elles aboutissent aux conséquences les plus fâcheuses, quant au but de l'institution.

Afin d'échapper en apparence à la prohibition de la loi de 1836, on n'a pas voulu, dans les statuts, prononcer le mot de lots. C'est la somme assurée elle-même que le résultat du tirage fera payer *par anticipation* aux privilégiés du sort. On dissimule par là autant que possible la loterie, en présentant le tirage comme hâtant seulement une échéance par le paiement *anticipé* de la somme assurée, et l'on accrédite l'illusion que c'est une simple clause accessoire de l'assurance. Mais il est bien clair que l'homme de trente-sept ans qui aura été assuré le 15 décembre pour 100,000 fr. et qui recevra le 31 ces 100,000 fr. par l'événement du tirage sera enrichi de 100,000 fr. et aura été favorisé d'un véritable lot de 100,000 fr. pour son billet de 300 fr.

La condition nécessaire de l'équité dans toute loterie est l'égalité des chances, ou du moins leur proportionnalité aux mises de chacun. Or, ici, cette condition est complétement détruite, et de deux manières.

J'ai rappelé qu'à trente-sept ans la prime

annuelle, pour assurer 100,000 francs, est de 3,000 francs, dont le dixième ou 300 francs est le billet de loterie. A cinquante-six ans, la prime est double et atteint 6,000 francs, dont le dixième ou 600 francs est le billet de loterie. Le tirage est absolument indépendant des âges. Voilà donc deux hommes qui auront exactement la même chance de gagner un lot de 100,000 francs, l'un pour une mise de 300 francs, l'autre pour une mise de 600 francs.

Ce n'est pas tout. Plus l'âge de l'assuré est avancé, plus l'échéance de son contrat se rapproche, et je fais remarquer que j'entre ici dans la combinaison telle qu'on l'a présentée pour la rendre spécieuse. Il ne s'agit, dit-on, que d'une *anticipation d'échéance*. Il est bien évident que l'anticipation a d'autant plus de valeur que l'échéance est plus lointaine.

L'assuré de trente-sept ans favorisé par le sort aura donc un avantage beaucoup plus considérable que l'assuré de cinquante-six ans. Pour la moitié de la mise de celui-ci, il recevra un lot d'une valeur presque double. Bien naïfs ou bien ignorants seront les hommes de cinquante-six ans qui accepteront un pareil concours.

Voilà l'iniquité exigée en règle dès le premier tirage. Ce sera bien autre chose aux tirages ultérieurs, lorsque concourront ensemble, et des assurés de différents âges, et des assurés dont les contrats auront d'inégales durées. Dans quarante ans, l'homme qui se fait assurer aujourd'hui à l'âge de trente-sept ans en aura soixante-dix-sept, l'échéance de son contrat sera bien prochaine. Il concourra au tirage avec un homme de trente-sept ans qui se sera fait assurer la veille. Tous deux verseront pareillement 300 fr. dans la tirelire. Les mises seront égales..... — mais les lots? Pour le dernier, le lot sera bien de 100,000 fr. Pour le premier, atteint peut-être de la maladie qui va l'emporter, ou pour sa famille, combien peu vaudra l'anticipation de l'échéance !

J'ajoute que ce vieillard de soixante-dix-sept ans, qui ne peut recevoir désormais du sort qu'une faveur dérisoire, aura déjà payé quarante fois son billet de loterie de 300 fr., ce qui avec les intérêts composés à 5 0/0 produit la somme de 38,052 fr. Et l'on osera soutenir que ce n'est pas une loterie ! Je dis que c'en est une, et la plus injuste des loteries.

Est-ce tout ? non certes. Je demande maintenant ce que fera la Compagnie de son propre engagement, de sa dette, lorsqu'elle en aura devancé l'échéance au moyen de fonds puisés dans la tire-lire *et qui ne lui appartiennent pas.* Cet engagement n'existera plus, puisqu'elle aura remboursé la somme assurée par anticipation, mais les primes payées ou réservées pour faire face à l'engagement, lui appartiennent-elles? Ce qu'on appelle *la réserve* de chaque contrat remboursé, la Compagnie va-t-elle se l'approprier ?

Je répète que c'est l'assurance elle-même qui est remboursée par anticipation. Il n'y a donc plus d'assurance, il n'y a plus d'engagement. La réserve n'a plus d'objet et est disponible. La justice voudrait qu'elle fût remboursée à l'assuré, pour prix de l'extinction de l'engagement, *en sus* du lot acquis par le sort et provenant d'une autre source. Annonce-t-on devoir faire ce remboursement à l'assuré? En aucune façon. Or, je n'hésite pas à penser que si la Compagnie s'approprie la réserve disponible comme un bénéfice, ce n'est pas là un bénéfice légitime. C'est participer à coup sûr à la loterie sans prendre de billets. La Compagnie avait une dette, et il est trop commode de s'en affranchir au moyen de fonds puisés dans la tirelire des assurés, en gardant pour soi la réserve. Qu'on juge de la bonne aubaine, lorsque le sort *favorisera* l'assuré de soixante-dix-sept ans !

J'ajoute une considération de l'ordre moral. L'assurance a le plus souvent un but spécialisé, un bénéficiaire désigné. Lorsqu'elle est faite d'une manière générale au profit des héritiers de l'assuré, sans doute le remboursement *anticipé* qui devance l'échéance pourra bénéficier à la famille entière et augmenter le patrimoine, sans manquer au but qu'on s'était proposé. Mais quand elle est faite au profit d'un fils aîné, d'une sœur, d'une mère, d'un parent, d'un ami, d'un établissement public de bienfaisance, ou,

comme c'est le cas le plus fréquent, au
profit de la femme de l'assuré, pour augmenter l'aisance de la veuve et suppléer à
l'insuffisance du contrat de mariage, combinaison qu'on ne saurait trop approuver,
le remboursement *anticipé* à l'assuré lui-
même manquera le but de l'opération.
Il transformera une pensée de dévouement, d'affection, de prévoyance, en un
lucre personnel, dû aux hasards d'une
loterie.

Ces diverses conséquences, résultant
pour moi de la lecture des statuts modifiés, sont tellement choquantes que j'en ai
douté. J'ai cherché des éclaircissements
dans les prospectus de la Caisse générale des Familles ; là, me disais-je, on
n'aura pas manqué de présenter la combinaison sous le jour le plus attrayant, en
faisant ressortir tous les avantages qu'elle
peut offrir aux privilégiés du sort. Si on

leur rembourse, comme on le devrait suivant moi, la réserve de l'engagement éteint,
en sus du lot, on l'aura publié à son de
trompe. Or, voici ce que j'ai trouvé, à
côté de la liste, avec noms et adresses,
de ces heureux privilégiés, liste destinée
à être la grande séduction de l'opération.

Pour les assurances de capitaux différés, payables en cas de vie, oui, toutes
les anomalies, toutes les injustices que j'ai
signalées existent. Le lot n'est pas autre
chose que la somme assurée elle-même,
payée par anticipation, avant l'échéance
du contrat. L'engagement de la Compagnie est éteint. Le prospectus prend la
peine d'annoncer que « en cas de paiement
» anticipé, les versements *ultérieurs* cessent
» d'être exigibles ». Je le crois bien, et
il semblerait oiseux de le dire. Puisqu'il
n'y a plus d'obligation de la Compagnie,

il serait absurde que l'assuré demeurât obligé à lui payer des primes. Mais ce n'était pas des versements *ultérieurs* que je me préoccupais, c'était des versements *antérieurs* au tirage. La Compagnie les garde avec leurs intérêts accumulés, elle s'en fait un bénéfice, absolument comme si l'assuré était mort avant l'échéance. Quand l'assurance aura été contractée pour vingt ans, quand l'assuré aura déjà payé dix-neuf primes, l'avantage de voir son nom sortir à la loterie sera pour lui bien maigre. Il n'en retirera qu'une anticipation d'échéance d'un an et la dispense de payer une prime. Pour rappeler une expression triviale, il ne gagnera que *le nigaud*. Mais l'avantage sera très-considérable pour la Compagnie, et c'est elle qui gagnera le gros lot. Elle sera dispensée de payer, sur ses propres fonds, au lieu d'une prime annuelle, le capital lui-même, dont l'échéance était si prochaine, et qu'elle ira puiser dans la tirelire des assurés.

Il en est exactement de même pour les assurances mixtes. C'est encore la Compagnie qui gagnera le gros lot, et sans avoir pris de billets, quand une dérision du sort fera sortir de l'urne le numéro d'un assuré qui avait payé dix-neuf primes. Il n'est pas hors de propos de rappeler que les primes des assurances mixtes et celles des capitaux différés sont les plus fortes primes.

A l'égard des assurances pour la vie entière, la scène change un peu, ou plutôt paraît changer. La Compagnie a senti l'objection, et voici comment elle y répond. Je reproduis textuellement son prospectus :

« Dans les assurances en cas de décès » pour la vie entière, l'objet du contrat

» est différent, et le souscripteur stipule,
» non plus pour lui-même, mais pour
» autrui. Aussi la Compagnie, jalouse de
» conserver dans son intégrité le principe
» fondamental de l'assurance en cas de mort
» et de réserver intacte pour ses destina-
» taires la somme assurée, a cru devoir ap-
» porter la modification suivante au mode
» de remboursement anticipé : pour tout
» contrat sorti au tirage, une partie des
» 1,000 francs acquis au bénéficiaire, par-
» tie variable suivant l'âge de l'assuré,
» servira à constituer un nouveau titre de
» 1,000 francs payable à son décès, et en-
» tièrement libéré de tout payement de
» prime ultérieur; quant au surplus de
» la somme de 1,000 francs sortie au ti-
» rage, il sera payé immédiatement au
» titulaire. »

Je reproduis aussi l'exemple cité à la

suite de cet exposé : « Un homme de vingt-
» cinq ans souscrit dix titres de 1,000
» francs, soit 10,000 francs en tout,
» moyennant une prime annuelle de 248
» francs.

» Si la série de titres dont il est pos-
» sesseur sort tout entière à un tirage, il
» reçoit :

» 1° Dix titres de 1,000 francs payables
» à son décès et entièrement libérés ;

» 2° Et, en supposant qu'il ait alors
» vingt-six ans, *une somme de 6,240 francs*
» *en espèces.* »

On voit, par le tarif annexé, que, s'il
avait soixante ans lors du tirage, il ne
recevrait en espèces que 3,340 francs. S'il
avait soixante-dix ans, il ne recevrait que
2,250 francs.

Cette combinaison, entée sur la première,
peut faire une certaine illusion aux per-

sonnes qui ne sont pas familiarisées avec les calculs d'assurances. Quelques-unes s'imagineront ingénument que la Compagnie *maintient* son engagement. Il n'en est rien. L'engagement primitif est entièrement éteint, la tirelire y a pourvu en fournissant par anticipation la somme assurée de 10,000 francs. C'est un engagement *nouveau* que prend la Compagnie de payer 10,000 francs à la mort de l'assuré, et elle se fait payer le prix de ce nouvel engagement par l'assuré lui-même, en le retenant sur son lot sorti au tirage. Pour me bien faire comprendre, je n'ai encore qu'à décomposer l'opération.

Dans l'exemple cité, l'assuré de vingt-six ans aurait droit à un lot de 10,000 francs. Le prospectus avoue que cette somme lui est *acquise*. La Compagnie ne lui remet en espèces que 6,240 francs. Elle retient la différence, ou 3,760 francs. Or, *la prime unique* d'une assurance de 10,000 francs, payable au décès d'un homme de vingt-six ans, sans participation aux bénéfices, n'est que de 3,381 francs. La Compagnie se fait donc payer *plus* que la prime unique d'un engagement nouveau, et elle la retient sur le lot qui appartient à l'assuré ; c'est une opération nouvelle, déjà lucrative en elle-même pour la Compagnie, qu'elle impose à cet assuré. Pareillement, l'assuré qui a soixante ans lors du tirage ne reçoit en espèces que 3,340 francs. La Compagnie retient la différence ou 6,660 francs. La prime unique d'une assurance de 10,000 francs, payable à la mort d'un homme de soixante ans, est de 5,997 francs. La Compagnie se fait payer à nouveau *plus* que le prix d'un engagement nouveau. Le tirage a éteint l'engagement primitif. La Compagnie, s'en libérant au moyen des fonds de la loterie, s'est approprié la réserve, comme pour les assurances différées, comme pour les assurances mixtes. Toutes mes observations subsistent, et il n'y a qu'une illusion de plus.

Le lecteur attentif peut voir maintenant combien d'iniquités, combien de déceptions sont cachées sous ces combinaisons de loterie, et je n'ai pas besoin de dire si je conseille aux Compagnies du Comité d'imiter de tels exemples.

III

Je pensais pouvoir terminer là mon examen, lorsque m'a été communiqué le prospectus d'une nouvelle combinaison de la Caisse générale des Familles. Il s'agit, cette fois, d'une Caisse populaire d'assurances a tirages. Un petit bulletin, répandu à profusion, préconise les avantages de cette assurance *populaire* qui procurera 500 francs au souscripteur, moyennant *un sou par jour*, et qui vise spécialement les besoins de la classe la plus nombreuse des *travailleurs* de toute profession.

Cette annonce me paraît, je l'avoue, singulièrement téméraire. Une *Caisse populaire, des tirages, un sou par jour, cinq cents francs, les travailleurs*, autant de mots à sensation, s'imposant à l'attention des lecteurs les moins éclairés, les moins en état d'apprécier par eux-mêmes les mérites d'une combinaison financière. Il faut être, ce me semble, bien certain de l'excellence de la combinaison pour la produire avec une pareille mise en scène.

J'examine, j'analyse, je décompose l'opération, et je trouve, au lieu d'une assurance, qui n'existe pas dans la combinaison, une sorte de Caisse d'épargnes, avec l'accessoire obligé de la loterie ou l'annexe de la tirelire. Je ne me trompe pas, la Caisse générale des Familles qualifie elle-même son instrument perfectionné de *tirelire à tirages*.

Le *sou par jour* devient 1 fr. 50 c. par mois ou 18 francs par an. La Compagnie promet de recevoir au besoin ces petites économies par quinzaine ou par fractions non inférieures à 75 centimes. Comment la Compagnie n'est-elle pas effrayée d'une telle promesse, des embarras, des frais, des prodigieuses complications de comptabilité qui en résulteront?

Pour cette prime annuelle, ou plutôt pour ce dépôt annuel de 18 francs, la Compagnie s'engage à payer au souscripteur, après vingt ans, 500 francs. Le souscripteur a versé vingt fois 18 francs, ou, avant qu'on ne tienne compte d'aucun intérêt, 360 francs. Avec les intérêts capitalisés à 5 0/0, ses versements produiraient 625 francs. La somme de 500 francs ne représente qu'un intérêt de 3 0/0. On voit que la perspective de recevoir 500 francs est peu séduisante.

Si le souscripteur, dont le prospectus fait, par une expression fort mal appropriée à sa situation, *un assuré*, meurt avant les vingt ans, la Compagnie rembourse à ses héritiers..... quoi ? — le montant des primes qu'il avait payées, sans aucun intérêt. Ceci figure dans l'énumération des *avantages* de la combinaison. Singulier avantage, on en conviendra. Voici une opération absolument indépendante des âges des souscripteurs et des chances de la mortalité. C'est un simple placement à intérêts composés, une caisse d'épargnes, rien autre chose (1). Le sous

____

(1) Sauf le très-petit *alea* sur le minimum de

cripteur meurt, et, au moment où sa veuve
et ses enfants auraient le plus besoin de
ressources, ils perdent les intérêts des
versements faits, depuis près de vingt ans
peut-être, par le père de famille. La Compagnie bénéficie de ces intérêts, grâce à
la mort de son client. Si le souscripteur
meurt dans le dernier mois du contrat,
il était à la veille de recevoir 500 francs.
La Compagnie ne rembourse que 360 francs
aux héritiers, au lieu de 500 francs qu'elle
allait payer au souscripteur. Elle gagne
140 francs par titre à ce décès opportun
du déposant. Et elle appelle cela une
assurance? C'est précisément le contraire
d'une assurance, c'est une *aliénation* éven-
tuelle des intérêts de l'épargne, et une
aliénation sans compensation, puisque le

---

remboursement de 100 francs dont je parlerai plus
loin.

souscripteur vivant ne reçoit pas la re-
présentation des chances de mortalité.

Ce n'est pas non plus cette perspective
qui rendrait l'opération séduisante. J'ar-
rive à la loterie.

Le fonds destiné à fournir, par voie de
tirage au sort, les lots ou les rembourse-
ments anticipés de 500 francs par titre
sortant est formé au moyen d'un prélèvement de 10 0/0 ou du dixième sur tous
les versements de l'année. Ainsi, sur
chaque dépôt annuel de 18 francs, il est
versé au fonds de la loterie 1 fr. 80 c.
Encore une fois, qu'est-ce à dire ? — sinon
que le souscripteur dépose à cette caisse
d'épargnes, où il aliène éventuellement
les intérêts . . . . Fr. 16 20
et prend un billet de loterie de. . 1 80
                                    ______

Total du versement annuel. Fr. 18 »

Or, si j'examine séparément chacune de

ces deux parties bien distinctes de l'opération, je suis obligé de reconnaître qu'elles sont toutes les deux détestables pour le souscripteur.

1° L'épargne annuelle de 16 fr. 20 c. produirait seule, après vingt ans, à l'intérêt de 5 0/0, 562 fr. 50 c. ou plus de 500 francs. Le *maximum* de ce que peut retirer le déposant, s'il vit vingt ans, s'il a toujours exactement opéré ses dépôts, s'il n'a encouru ni déchéances ni pénalités de retard, est de 500 francs. Il a contre lui les chances de mort, considérables en vingt ans, qui font perdre tous les intérêts à sa famille, sans parler des frais de justification des qualités héréditaires, lesquels dépasseront souvent les sommes à recueillir; contre lui les chances de lassitude, d'absence, de gêne, qui feront certainement abandonner un très-grand nombre de contrats, rachetés ou rétablis à des conditions très-onéreuses; contre lui les chances du crédit de la Compagnie. Il a toutes les mauvaises chances, sans en avoir en sa faveur une seule bonne, puisqu'au *maximum* il retirera son épargne avec un intérêt de moins de 5 0/0. Il est manifeste que la caisse d'épargnes de l'État, que les obligations des chemins de fer, que les petites coupures de rente valent beaucoup mieux, pour les économies des *travailleurs*, et quant aux résultats, et quant au crédit, que cette épargne bâtarde, irrationnelle, où les intérêts disparaissent et où les frais s'accumulent *précisément* quand les besoins de la famille sont plus grands.

Reste la loterie. A-t-elle au moins, en réalité, la séduction, même malsaine, qui la fait rechercher? Il s'en faut bien! La séduction existerait si le souscripteur pouvait recevoir 500 francs pour son bil-

let de 1 fr. 80 c., si cette partie de l'o-
pération, distincte de l'autre, en demeurait
indépendante et laissait subsister l'épargne,
si, en un mot, le souscripteur favorisé par
le sort recueillait le lot de 500 francs,
en outre du produit, tout médiocre qu'il
est, de l'épargne. Mais il n'en est pas ainsi.
Ce que la combinaison a de particulière-
ment décevant, c'est que le lot se con-
fond avec le produit de l'épargne, qu'il
supprime et annulle, en éteignant l'engagement de la Compagnie. Le souscripteur *favorisé* par le sort ne reçoit que
l'anticipation de la somme promise de 500
francs. Ce n'est plus 1 fr. 80 c., c'est
bien 18 francs par an que lui a coûté son
billet de loterie, tandis qu'il n'a été versé
que 1 fr. 80 c. dans la tirelire où seront
puisés les lots.

Que devient donc la différence, ou
l'épargne annuelle de 16 fr. 20 c.? La

Caisse générale des Familles se l'approprie. C'est invraisemblable, c'est incroyable, mais c'est certain. De même que dans les exemples que j'ai cités plus haut, elle acquitte son engagement personnel, par anticipation, au moyen des fonds de la tirelire annuelle. N'ayant plus d'engagement, elle s'approprie les épargnes de ses clients. Si le privilégié du sort ne l'est que dans la vingtième année, c'est vingt fois 16 fr. 20 c., plus les intérêts, que s'approprie la Caisse générale des familles. Quant à ce prévilégié du sort, il reçoit 500 francs sur les fonds de la loterie, au lieu de les recevoir quelques mois après sur les fonds de la Compagnie. La faveur du sort n'a pas pour lui d'autre avantage, et il a payé pour cela vingt primes de 18 francs.

Il est clair que la faveur du sort est

pour la Compagnie, laquelle a tiré le gros lot, sans avoir pris de billets.

Il est clair aussi que le souscripteur dont le numéro sort dès les premières années du contrat en recueille un avantage, d'autant moindre que son contrat est plus ancien. Par suite, l'avantage est d'autant moindre pour la Compagnie que la date du contrat est plus récente, mais *toujours* elle éteint un engagement au moyen des fonds de la loterie annuelle, en s'appropriant les annuités payées de l'épargne. Elle gagne plus ou moins au tirage, elle gagne toujours et ne risque jamais de perdre.

On voudrait douter de ces choses, il n'y a pas moyen de se refuser à l'évidence. Aussi je commence à comprendre, ce que je comprenais mal tout à l'heure, qu'une Compagnie affronte les frais et les embarras de comptabilité de tant de petits recouvrements. Il y a des compensations, qui permettent d'affronter quelques embarras. La Compagnie s'est réservé — la totalité des intérêts sur les épargnes des souscripteurs qui mourront dans l'espace de vingt ans, et ils sont nombreux — les neuf dixièmes du capital des épargnes mêmes sur les contrats qui sortiront au tirage, l'autre dixième fournissant les moyens d'acquitter son engagement (1).

-----

(1) Je serai sincère jusqu'au bout. Les avantages *très-considérables* que s'est réservés la Caisse générale des Familles feraient de l'opération une excellente affaire *pour elle*, si elle devait rencontrer des capitalistes aisés, prenant en grand nombre de ses titres, en acquittant exactement les annuités à son domicile, sans commissions d'intermédiaires et sans frais. Mais je doute fort qu'elle rencontre ces capitalistes naïfs, assez mauvais calculateurs pour ne pas préférer des obligations de chemins de fer aux titres de la prétendue Caisse populaire, qui serait d'ailleurs infidèle à son nom.

Sa clientèle ne pourrait s'étendre que dans les

Et voilà ce qu'est la *Caisse populaire d'assurances à tirage*, voilà ce que devient le *sou par jour* des *travailleurs*, voilà le parti ingénieux qu'on *a tiré* du décret du 22 juillet 1871, et que certes, je le dis à leur décharge, n'avaient pas prévu les rédacteurs du décret.

Hé bien, je soutiens que cette conséquence elle-même est illégitime, et que ce décret du 22 juillet 1871 ne fût-il pas entaché d'illégalité, la Caisse générale des Familles n'aurait pas le droit

---

classes vraiment populaires, qui verraient là le placement de petites économies mensuelles. Hé bien, les frais de propagande, commissions d'intermédiaires, frais de recouvrements, de correspondances, de comptabilité, formeraient un total tellement onéreux, qu'il ne m'est pas démontré qu'ils trouvassent une contre-partie rémunératrice dans les avantages réservés, et j'inclinerais à croire que l'affaire serait finalement mauvaise pour la Compagnie elle-même.

d'en faire l'application à sa Caisse populaire.

Qu'on relise, en effet, l'article 9 des statuts modifiés. Il parle de contrats *d'assurances*, et les obligations de 500 francs de la Caisse populaire, indépendantes des âges, étrangères, sauf au profit de la Compagnie, aux chances de mortalité, ne sont pas des contrats *d'assurances sur la vie*.

Il autorise un prélèvement de 10 0/0 *sur les primes annuelles* des contractants qui renonceraient à la participation aux bénéfices *dont il sera parlé ci-après*. Je lis immédiatement, *ci-après*, l'article 10 : « Le Conseil peut consentir, en faveur » *des assurés*, une participation dans la ré- » partition des bénéfices nets *provenant* » *des assurances*. » Or, il n'y a pas ici d'*assurances*, conséquemment pas de bénéfices en provenant, conséquemment pas de participation consentie, conséquemment pas d'autorisation de substituer des tirages à cette participation. Il n'y a qu'un simple dépôt d'épargnes successives.

En sorte que la combinaison si décevante de la Caisse populaire n'est même pas autorisée par les statuts de la Compagnie.

Mais, va-t-on me dire, vous vous trompez : il y a dans l'opération une assurance sur la vie, puisque la Compagnie garantit que la somme à rembourser aux héritiers du souscripteur décédé, ne sera pas inférieure à 100 francs. Tant qu'il n'aura pas été payé plus de quatre primes de 18 francs ou que le contrat n'aura pas duré plus de quatre ans, ce minimum garanti de 100 francs est une assurance sur la vie.

Je n'en disconviens pas, oui, c'est une assurance temporaire de quatre ans, au capital de 100 francs, ayant coûté une prime annuelle de 18 francs ou de 18 0/0! Voilà quelle est la part de l'assurance dans l'opération. Je ne m'étonne pas trop que la Compagnie recevant une pareille prime ne se soit pas souciée des âges de ses souscripteurs, et les aient tous traités uniformément, à ce taux libéral de 18 0/0. Elle a d'ailleurs dû réfléchir, et la réflexion est judicieuse, que moins le souscripteur sera jeune, plus il aura de chances de mourir dans les quinze dernières années du contrat, auquel cas elle s'approprie tous les intérêts. Cela lui permet de ne pas regarder de près à la jeunesse de ses *assurés*. Tout au plus elle pourrait redouter la mortalité des enfants en bas âge. Elle y a pourvu. Un *nota* au bas du prospectus nous avertit que le *minimum* de 100 francs n'est point garanti au décès des mineurs, par la raison de haute morale que le père de famille ne doit pas retirer un bénéfice *du décès de son enfant mineur*. Rien n'étant changé au tarif, la morale profite à la Compagnie, les mineurs sont seulement moins bien traités que les majeurs.

Ce n'est pas tout. Comme il s'agit d'une petite assurance de 100 francs dans les premières années, la Compagnie, malgré la prime de 18 0/0, a eu la prudence d'écarter les malades. Elle demande une attestation de bonne santé. Mais *le contractant est libre de ne pas signer la déclaration relative à l'état de santé de l'assuré*; dans ce cas, comme dans celui où l'assuré est âgé de moins de vingt et un ans, la Compagnie ne garantit, en cas de décès, que le montant des primes payées, sans intérêts et sans le minimum de 100 francs.

Que reste-t-il, je le demande, de la petite assurance de 100 francs ? Elle s'évanouit pour tous dans les quinze dernières années du contrat ; elle n'a jamais existé pour les mineurs, elle n'existe pas davantage pour les contractants qui ne signeront pas l'attestation de santé ; c'est-à-dire peut-être, dans la pratique, qu'elle n'existera pour personne, si les agents font bien leur métier et persuadent aux clients de ne pas s'embarrasser pour si peu d'une attestation de santé.

Encore une fois, voilà la seule part de l'assurance dans l'opération ! Il m'est impossible de la trouver sérieuse et d'y voir autre chose que l'enseigne destinée à permettre de parler d'assurés et d'assurance, et de coudre le billet de loterie à un simple livret de déposant dans une caisse d'épargnes.

Après m'être livré à cette analyse, je

demeure confondu quand je lis dans le
prospectus :

« Il reste donc démontré qu'il y a,
» non égalité absolue, mais ÉQUIVALENCE
» VIRTUELLE entre les titres de la Caisse
» populaire et un placement à l'intérêt
» composé de 5 0/0. »

Je ne sais pas bien ce que les *travailleurs*, sous les yeux desquels tombera le
prospectus, comprendront par *équivalence
virtuelle*. La Compagnie qui l'a rédigé
doit ne pas ignorer ce qu'elle a voulu
dire, et croire à la vérité de ce qu'elle
annonce. Je lui proposerais donc une
chose bien simple, qui serait la meilleure
confirmation de son équation virtuelle;
ce serait d'offrir à ses clients, contre
le dépôt annuel de 18 francs, le choix
entre les titres de l'assurance populaire
à tirages et un placement à l'intérêt
composé de 5 0/0 ; entre la promesse de

500 francs, émaillée de toutes les restrictions, stipulations, anticipations et faveurs du sort, et une promesse formelle, un engagement absolu de 625 francs, payables après vingt ans, sans aucun accessoire de loterie. En offrant cette option, la Caisse générale des Familles établirait mieux que par son étalage de calculs, inaccessibles aux travailleurs, sa foi dans *l'équivalence virtuelle* des deux opérations.

A la vérité, je conseillerais aux travailleurs de n'accepter ni l'une ni l'autre : la première, parce qu'elle est grosse d'illusions et de déceptions, — la seconde, parce qu'une société financière qui recevrait de l'argent à l'intérêt composé de 5 0/0, et de l'argent disséminé en petites fractions dont le recouvrement coûterait fort cher, ne mériterait aucun crédit et courrait manifestement à sa ruine.

Quant aux Compagnies du comité qui m'ont fait l'honneur de me consulter, je les adjure de ne pas songer à imiter les combinaisons décevantes, et, dans ma profonde conviction, illicites, qui, en introduisant la loterie dans les assurances sur la vie, ne pourraient manquer de déconsidérer cette grande et bienfaisante institution.

FIN.

IMPRIMERIE CENTRALE DES CHEMINS DE FER. — A. CHAIX ET Cⁱᵉ,
RUE BERGÈRE, 20, A PARIS. — 8518-4.

DU MÊME AUTEUR

Essai sur les lois du hasard. 1 vol. in-18 .... 3 »

Théorie des annuités viagères et des assurances sur la vie, par FRANCIS BAILY, traduit de l'anglais. 2 vol. in-8° .... 10 »

Précis de l'assurance sur la vie. 1 vol. in-18 .... 2 »

Nouvelles Observations. Brochure .... » 50

Le Domaine patrimonial et les Assurances sur la vie. Brochure .... » 50

La Participation aux bénéfices. Brochure .... » 50

Réforme internationale du droit maritime. 1 vol. in-12 .... 2 »

Le Commerce maritime et la Voirie. Brochure .... 1 »

La Navigation intérieure et la Voirie. Brochure 1 50

Les Sociétés anonymes, examen de la loi du 24 juillet 1867. 1 vol. in-18 .... 3 »

Les Caisses de prévoyance. 1 vol. in-18 .... 2 »

La Querelle du capital et du travail. 1 vol. in-18 .... 1 »

Commentaire des Polices françaises d'assurance maritime .... 3 »

La Protection de la vie des navigateurs .... 1 »

Les Caisses de prévoyance et le Clergé .... » 50

IMP. CENTRALE DES CHEMINS DE FER. — A. CHAIX ET Cie, RUE BERGÈRE, 20.